Couverture inférieure manquante

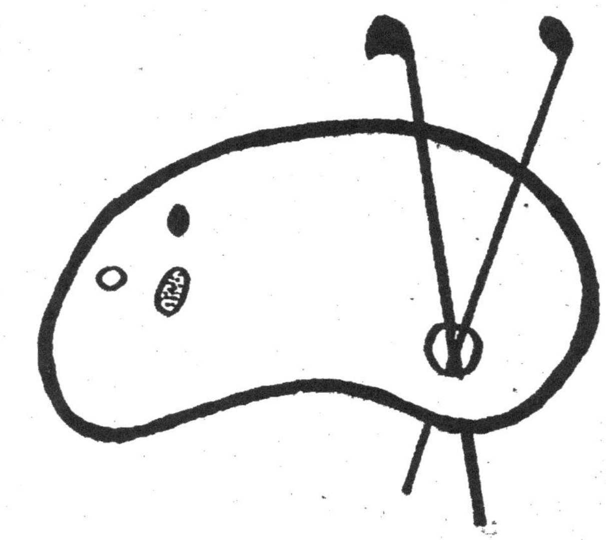

DEBUT D'UNE SERIE DE DOCUMENTS
EN COULEUR

UNIVERSITÉ POPULAIRE

CONFÉRENCE

DE

M. J.-M. SIMON

SUR LE

Mouvement Révolutionnaire en Bretagne

FAITE LE SAMEDI 21 DÉCEMBRE 1901

PRIX : 0 fr. 50

VANNES
IMPRIMERIE COMMELIN-GRÉBUS, RUE DE LA MONNAIE

1901

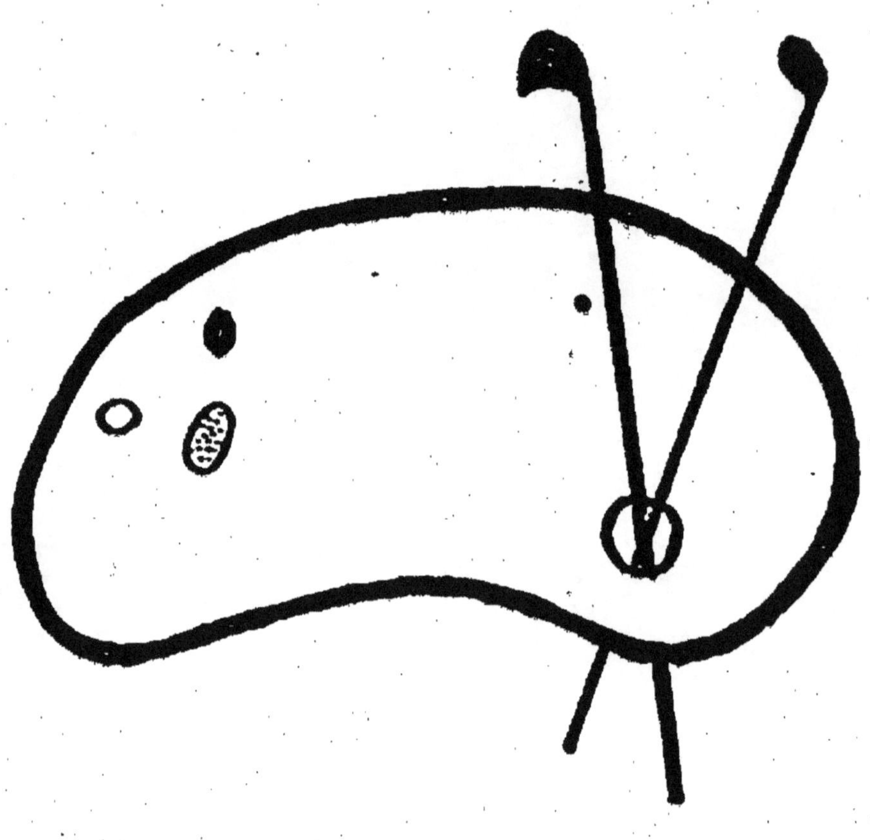

FIN D'UNE SERIE DE DOCUMENTS
EN COULEUR

Conférence de M. J.-M. Simon

Vannes, le 21 décembre 1901.

Mesdames, Messieurs,

Il est de bon ton dans certaines classes de la société de toujours médire des temps présents pour faire l'éloge des siècles passés. Il est de bon ton de vanter le bon vieux temps, c'est l'expression consacrée.

Qui n'a entendu parler, avec tous les éloges possibles, de Henri IV, le vert galant, le roi au panache blanc et à la poule au pot ? N'est-ce pas une habitude consacrée de glorifier le roi Soleil, ses petits marquis à talons rouges, ses pompeuses vanités et de lui consacrer toute la gloire gagnée par ses illustres contemporains ?

Louis XV, avec sa cour éclatante de vanité et de vices, a-t-il eu d'assez habiles et éloquents panégyristes ?

Il est surtout de bon ton aujourd'hui, dans ce monde qui se dit la haute société, de médire du gouvernement et de ses chefs et de crier bien haut contre la prétendue suprématie du peuple.

Dans cette conférence, je vais essayer de retracer un tableau fidèle de quelques éléments de notre histoire bretonne avec, à l'appui, les documents qui m'ont permis d'en pénétrer la philosophie. Et tant pis pour ces idoles à pied d'argile, si l'histoire les fait tomber du piédestal que leur avait dressé un peuple de flatteurs.

L'œuvre des conférences populaires a un double but : le premier est de répandre la lumière parmi les classes de la société à qui la providence n'a pas accordé, avec la vie, la richesse qui permet de recevoir l'instruction, cette instruction grâce à laquelle les différences sociales disparaissent, les suprématies de naissance n'existent plus, grâce à laquelle un caractère droit, honnête et bien trempé, quand il est joint à une intelligence bien développée et surtout à un cœur ouvert à toutes les grandes idées, est en droit d'arriver aux plus hautes destinées.

Le second but est au moins aussi important. Il consiste à déraciner les préjugés et à proclamer la vérité.

Si les quelques efforts d'un viel ami du peuple peuvent apporter une petite pierre à l'édifice si bien commencé des conférences populaires, il en sera doublement heureux et il trouvera sa récompense dans la satisfaction du devoir accompli.

L'épopée révolutionnaire a eu de nombreux et éloquents historiens ; au milieu de la foule de héros qui ont immortalisé à jamais la révolution de 1789, on ne peut aujourd'hui s'attacher qu'aux plus illustres d'entre eux ; mais, il serait injuste de ne pas rechercher dans l'histoire, si dans des temps plus anciens, il n'y a pas eu de mouvements dans le peuple, qui, comme la vague de l'Océan qui ne se lasse jamais et réduit en poussière les plus hautes falaises, ont aidé à saper le vieil édifice du monde monarchique.

Certes, les illustres innovateurs, les grands penseurs, les Voltaire, les Diderot, les Rousseau, les Montaigne ont porté la torche de l'incendie dans les vieilles forteresses de l'ancien monde féodal, mais cette torche incendiaire qu'ils agitaient d'une main si courageuse, avait été formée petit à petit par le peuple lui-même.

Les faisceaux en avaient été apportés de tous les coins de la France et remis entre les mains qui devaient si bien s'en servir.

Ces études qui demanderaient beaucoup de science jointe à une grande patience, pour compulser tous les vieux textes, je ne désespère pas de les voir tenter par un plus jeune, un plus savant.

Dans cette causerie-conférence, nous nous contenterons de parcourir rapidement l'histoire de nos pères, de voir l'état où ils se trouvaient sous les différents rois, de jeter un regard sur les évènements qui, à diverses reprises, ont amené le peuple à se soulever, à étudier, en un mot,

Le Mouvement révolutionnaire en Bretagne

Mesdames, Messieurs,

Avant 1789 la France était partagée en provinces, et ces provinces qui avaient été rattachées au royaume soit par conquête à main armée, soit par confiscation ou spoliation, avaient conservé un reste de privilèges.

La Bretagne avait été par le mariage de sa dernière duchesse, Anne de Bretagne, remise entre les mains du roi de France — mais elle avait stipulé certaines conditions à sa réunion.

Charles VIII et Louis XII, les deux maris d'Anne de Bretagne, étaient rois de France, mais ils étaient en outre ducs de Bretagne et ils avaient promis de laisser à la province ses lois, ses états, son parlement.

Depuis Louis XII jusqu'à Louis XIV la Bretagne avait à peu près joui des prérogatives stipulées, mais dans quel état se trouvait la population ?

Après la signature de l'édit de Nantes, Henri IV n'eut pas mieux demandé que de retourner en toute hâte à Paris ; mais son grand ministre Sully lui remontra qu'il était de toute nécessité qu'il se fît voir à Rennes. Les temps étaient durs et sa présence pourrait consoler un peu la population.

Un vieil historien dépeint ainsi la situation à ce moment :

« L'année de la paix en Bretagne, qui fut l'année 1597,
» la cherté des vivres fut grande ; la pipe de froment fut
» vendue 42 écus, c'est-à-dire plus de 300 francs maintenant ;
» la pipe de seigle 30 écus et au prorata les autres graines ;
» qui fut cause qu'un grand nombre de menu peuple, tant à la
» ville qu'aux champs, pâtirent beaucoup et bonne partie
» moururent de nécessité sans qu'il y eut moyen de les soulager,
» à cause de la misère générale et de la dépopulation par les
» gens de guerre ; car personne n'avait la liberté d'aller à sa
» maison où il n'eut trouvé que des murailles, le tout étant
» emporté par les gens de guerre. Quant aux femmes et aux
» enfants il les fallait enfermer dans les maisons ; car si
» quelqu'un ouvrait les portes il était plus souvent happé
» par les loups......

» Pendant cette cruelle famine, en quelques endroits aux
» champs, les uns faisaient bouillir avec de la vinette des orties

» et allongeaient leur chétive vie de quelques jours ; les autres » mangeaient lesdites herbes toutes crues, et d'autres mangeaient » de la graine de lin qui leur donnait une puanteur d'haleine » qu'on sentait de huit à dix pas ; après quoi ils venaient enflés » par tout le corps, et de cette enflure peu échappaient qui ne » mourussent. On ne trouvait autre chose dans les fossés et par » les chemins que morts de faim, partie ayant encore la vinette » ou graine de lin dans la bouche, partie déjà mangés des loups, » et les autres tout entiers jusqu'à la nuit, qu'ils servaient de » pâture sans qu'ils eussent d'autre sépulture.

» D'autant qu'il n'y avait aucun bétail, soit de labour ou autre, » et pour dire en un mot, bêtes ni oiseaux domestiques. Cette » grande pauvreté aux champs était cause de celle des villes, » qui fourmillaient de pauvres qui s'y jetaient de toutes parts, » en si grand nombre, qu'il était impossible d'y subvenir à » tous ; de manière qu'il était nécessaire tôt ou tard qu'ils » mourussent pauvrement, et principalement en hiver, étant » mal nourris, presque tous nus, hors quelques drapeaux pour » couvrir leur honte ; sans logement ni couverture que les » étaux : et où ils trouvaient des fumiers ils s'enterraient dedans » comme pourceaux, où toutefois ils n'étaient guère de temps » qu'ils n'enflassent fort gros, avec une couleur jaune qui les » faisait incontinent mourir. La paix faite, les portes de la ville » (Quimper) demeuraient ouvertes, et les loups se promenaient » par la ville jusqu'au matin ; et aux jours du marché, les » venderesses et autres regrattières, qui se levaient le matin, » les ont souvent trouvés autour du chastel et ailleurs, et ils » emportaient la plupart des chiens qu'ils trouvaient sur la rue. » La nuit ils blessaient plusieurs personnes sur la rue ; et sans » le secours et cri que l'on faisait criant ; au loup ! ils les eussent » mangés...... »

Qu'ajouter ? Le tableau n'est-il pas complet ? Et devons-nous beaucoup regretter ce bon vieux temps du bon roi Henri ?

Mais, continuons l'étude de l'état du peuple sous les anciennes monarchies.

Louis XIV, à qui les petits marquis qui vivaient à sa cour, avaient fini par persuader qu'il était seul grand dans son siècle, seul homme de génie, pour se rehausser un peu eux-mêmes sur leurs talons rouges, Louis XIV qui, par une aberration insensée, se croyait l'incarnation de la divinité sur le trône et qui résumait cette folle fatuité par le mot fameux : L'Etat, c'est moi ! Louis XIV, donc, avait un besoin toujours plus pressant d'argent. Il lui en fallait toujours, il lui en fallait à tout prix. Il lui en fallait pour continuer ses guerres, construire ses palais, enrichir ses courtisans, doter ses bâtards.

Mais les coffres de l'Etat étaient vides.

Les grands seigneurs ne payaient presque rien. Le clergé se retranchant derrière ces vains mots que presque toutes ses propriétés étaient des dons provenant des rois et des seigneurs, et libres de toutes charges, ne payait pas davantage. — Et toutes les charges, tous les impôts retombaient sur le peuple.

Mais, pour bien comprendre la situation, il est utile de voir comment se composait à cette époque le système social.

Au sommet de l'édifice et dominant tout, un roi, absolu, omnipotent. Autour de lui et pour le rehausser, des princes de sang royal avec d'immenses apanages ; puis des grands seigneurs dotés de grandes et grosses pensions, puis les princes de l'Eglise avec d'immenses revenus. Puis, une foule de nobles moins riches, moins puissants mais qui se réchauffaient et s'enrichissaient aux rayons du soleil que le roi avait pris pour emblème.

Dans les provinces, des gentilshommes qui ne cherchaient qu'à s'enrichir par les violences et les usurpations pour aller briller dans le firmament royal, s'enrichir et jouir des plaisirs de la cour. Puis enfin, le tiers-état qui était chargé de payer tous les impôts, qui payait toujours et qui était en outre chargé de faire toutes les corvées.

Mais le tiers-état se divisait lui-même en plusieurs catégories :

Le haut-tiers composé des armateurs, marchands, négociants, fabricants des villes qui, eux, possédaient de grandes richesses. — C'était la haute bourgeoisie de l'époque.

Le gros-tiers qui habitait la ville et qui était la petite bourgeoisie.

Enfin le paysan qui forme une classe à part et qui comprend lui-même le journalier, le fermier, le petit propriétaire.

En Bretagne, les guerres fratricides des Penthièvre et des Montfort, les expéditions de toutes sortes que les grands chefs de la noblesse entreprenaient les uns contre les autres avaient fini par les décimer et les ruiner. Pour subvenir à des besoins d'argent, sans cesse renaissants, ils avaient été forcés de céder partie de leurs immenses propriétés. Aussi la propriété féodale était-elle très morcelée en Bretagne.

Les nobles, pour tirer de leurs terres un revenu plus considérable, avaient consenti à beaucoup de tenanciers des contrats d'afféagement, puis les terres transformées en censives étaient devenues possessions héréditaires du paysan.

Mais les petits propriétaires sont comme les fermiers et les journaliers dans la misère la plus profonde, car les charges qu'ils ont à payer à leurs seigneurs et au roi sont écrasantes. Elles montent à environ les trois quarts du produit, à la veille de la révolution et ce sont les cahiers des communes qui en font foi comme le prouve l'extrait suivant d'une étude faite par M. Dupont et intitulée : « La condition des paysans dans la sénéchaussée de Rennes ».

Les petits propriétaires qui ont quelque aisance ont peine à la défendre contre la fiscalité des seigneurs et du roi. Leurs charges sont écrasantes et emportent les trois quarts du produit de leur travail ; « une personne qui a 40 livres de rentes, dit le cahier de Trédaniel, après toutes charges payées, il ne lui en reste plus que dix. » Les paroissiens de Bourbriac chargent leurs députés de « représenter qu'avec toutes les charges auxquelles les terres sont assujetties, le laboureur ne retire presque aucun fruit ni de sa propriété ni de ses travaux ». (1).

« La paroisse de Saint-Cast est pauvre, dit un autre cahier....., elle paye des rentes considérables au seigneur de Matignon, aux

---

(1) Cahier de Bourbriac : « Ce que le petit tableau d'autre part demande évidemment : »

« Sur 300 l. de rentes que possède un propriétaire, il est obligé de défalquer :

1° La grande dime féodale de 6ᵉ et 7ᵉ..........	46 l. 8 s. 6 d.
2° La grande dime ecclésiastique à la 4ᵉ gerbe......	7 l. 5 s.
3° Les prémices à l'Eglise qui se montent à...... ..	6 l.
4° Rentes seigneuriales de toutes espèces.	110 l.
5° Les corvées à	40 l.
6° Les vingtièmes et sous pour livre à...............	40 l.
7° Les fouages..........	10 l.
De 300 l............	252 l. 13 s. 7 d.
	46 l. 6 s. 5 d.

Sans compter la capitation, l'assurance pour convenant, tous les 9 ans de 9 à 1200 l. pour un convenant de 300 l. de rentes. »

chanoines de Matignon, aux bénédictins de Saint-Jacob, aux carmes de Guildo et à plusieurs autres, de manière qu'il ne reste rien aux propriétaires. »

Les famines sont assez fréquentes. Les mauvaises récoltes sont une cause de ruine pour les cultivateurs. Depuis la mauvaise récolte de 1785, disent les paysans de Trédamel, « nous sommes ruinés et nous ne pouvons nous relever ». Il n'y a pas assez d'industrie dans le pays pour que les cultivateurs puissent tirer un parti avantageux de leurs produits.

De plus, le prix des fermages augmente de tous les côtés. On se plaint de la concurrence faite aux simples laboureurs, même par des gentilhommes, mais surtout par des membres du clergé « qui prennent à ferme des biens laïcs et laissent de pauvres cultivateurs sans ressources. » Les paysans souffrent doublement de cette concurrence, car les recteurs qui « sous noms empruntés afferment ou se rendent adjudicataires de fermes..., s'exemptent de la capitalisation qu'un fermier acquitterait, à la décharge des paroissiens. » Parfois même les paysans sont exploités « par des particuliers riches qui prennent presque toutes les fermes » et les font cultiver par des « sous-fermiers. » Ils désirent « qu'on en ait pour son propre compte seulement et n'avoir affaire qu'au seul et véritable propriétaire. »

Et si, à la veille de la Révolution les charges étaient des trois quarts du produit pour les habitants des campagnes, que devaient-elles être un siècle avant ?

Aussi l'étonnement cesse-t-il quand on lit l'amère et âpre peinture que le sévère, ironique et mordant moraliste que fut Labruyère, a tracé dans ces lignes qui sont plus qu'un tableau, qui sont la photographie même de ce qu'il voyait.

« L'on voit certains animaux farouches, des mâles et des » femelles, répandus par la campagne, noirs, livides et tout » brûlés du soleil, attachés à la terre qu'ils fouillent et qu'ils » remuent avec une opiniâtreté invincible ; ils ont comme une » voix articulée et quand ils se lèvent sur leurs pieds, ils » montrent une face humaine, et en effet, ils sont des hommes ; » ils se retirent la nuit dans des tanières où ils vivent de pain » noir, d'eau et de racines ; ils épargnent aux autres hommes » la peine de semer, de labourer et de recueillir pour vivre et » méritent ainsi de ne pas manquer de ce pain qu'ils ont semé. »

Hélas ! ce pain si durement acquis, si chèrement payé, le paysan n'en jouissait même pas, le plus souvent. Les expéditions guerrières de chefs à chefs ruinaient et enlevaient tout.

Aussi la misère était-elle le partage de tous les habitants des campagnes. Et pendant ce temps, que faisaient les gens qui détenaient l'autorité ?

Ecoutons M. Lemoine, archiviste-paléographe, dans son ouvrage très instructif, très documenté, qu'il a intitulé la Révolte du papier timbré ou des Bonnets rouges :

En 1665, au lendemain des Etats de Bretagne, tenus cette année à Vitré et auxquels il avait assisté en qualité de commissaire du roi, Charles Colbert, frère du célèbre ministre, entreprenait, sur l'ordre exprès de Sa Majesté, la visite de la Bretagne. L'objet de sa mission était des plus vastes. Il devait étudier à la fois « Les divisions des eveschés dudit pays, l'estat de la noblesse, celuy de la justice, de la manière qu'elle y est administrée, les remarques des abus qui s'y commettent et des crimes qui y sont demeurés impunis, l'estat du gouvernement de chaque ville et de son commerce, des ports et hâvres dudit pays. » Reçu partout avec tous les honneurs dus à son caractère, il poursuivit son enquête avec un soin consciencieux, s'arrêtant dans chaque ville un peu importante, faisant venir devant lui les principaux magistrats et les personnes les plus éclairées. Le mémoire qu'il présenta au roi, à son retour, et sur lequel nous croyons être les premiers à attirer l'attention, mérite donc une sérieuse considération. Rempli d'aperçus judicieux sur la situation des côtes, sur les moyens d'en assurer la défense ou d'y créer de nouveaux ports, il ne présente pas moins d'intérêt en ce qui concerne ce que nous pourrions appeler aujourd'hui l'état social et économique de la province. Or, sur ce dernier point, le seul dont nous ayons à nous occuper en ce moment, il est aisé de démêler les deux conclusions qui se dégagent de son enquête : d'une part, la multiplicité infinie des petites juridictions et des gens de loi qui s'y rattachaient, juges, notaires, avocats, procureurs, gens faméliques, ruinant le menu peuple dans des procès qu'ils font naitre et entretiennent ; de l'autre, la tendance de la petite noblesse, résidant sur ses terres, à accabler les paysans sous le poids de redevances et de corvées exagérées.

« Il est certain que les gentilshommes de Bretagne, de quelque qualité qu'ils soient, tâchent toujours de s'emparer du bien de l'église, et mesmes s'efforcent de se rendre maistres de la jouissance des dixmes pour le prix qu'ils veulent et surtout ceux qui sont appuyés de parents dans le parlement qui se rendent insupportables au peuple par les violences qu'ils exercent et par les usurpations qu'ils font des droits de haute justice, et cette multiplicité de juridictions et d'officiers cause la ruine des peuples de la Bretagne fort portés à la chicane. »

C'est notamment le cas dans l'évêché de Dol, où « il n'y a point de petit gentilhomme qui ne s'efforce de diminuer et démembrer les droits de ce comté. Depuis quarante ans il s'est établi un grand nombre de petites juridictions qui font grand tort à la supérieure et qui causent à la ruisne des peuples par l'augmentation de la chicanne et la multiplicité des officiers qui font plus de mal dans le païs que la guerre et la taille ne font dans les autres provinces. Dans la sénéchaussée de Fougères, des usurpations au détriment de la justice royale ont produit des inconvénients analogues. « On y appointe tout à produire sinon à comparoir à l'hostel parce que les procureurs sont estimés frippons et de mauvaise foy, et comme ils ne sont point titulaires, on en reçoit autant qu'il s'en présente, ce qui fait une multiplication infinie de chicannes, les sergens sont réputés tous faussaires et il y a telle charge d'huissier sous le titre de laquelle six sergens différents exercent. » — Mêmes remarques dans l'évêché de Saint-Brieuc « où lesdites usurpations sont tolérées par les officiers du Parlement qui favorisent tant les les juges des réguaires que les juges des seigneurs particuliers au préjudice des officiers du Roi... et la raison pour laquelle ils en usent de la sorte est parce qu'eux-mêmes ont des juridictions la plupart usurpées qu'ils veulent rendre considérables par ce moïen. » — A Quimper et dans la Cornouâille, le tableau n'est pas moins sombre : « Le commerce y était beau autresfois en toutes sortes de marchandises et on en attribue la cessation à l'establissement du Collège des Jésuites qui fut fait en 1610, depuis lequel temps la jeunesse s'est mise à l'étude et n'a produit que beaucoup de prestres, advocats, procureurs et sergens et surtout grand nombre de faussaires. » — A Hennebont, « il y a vingt-trois notaires royaux, seize procureurs et l'on prétend que dans toute l'estendue des juridictions sulbaternes il y a deux mil tant procureurs, notaires et sergens, et qu'il s'en fait pourvoir tous les jours à l'opposition du peuple. »

Les doléances ne sont ni moins vives ni moins générales à l'égard des exactions de la petite noblesse, et la constatation de ce fait est ici d'autant plus intéressante qu'elle est plus inattendue, car si l'on est généralement convenu de flétrir la conduite de ces grands seigneurs des deux derniers siècles, se résignant à subir une servilité dorée dans les antichambres de Versailles et ne se souciant de leurs tenanciers que pour en exiger des fermages, il semble qu'il doive en être tout autrement pour cette petite noblesse, résidant dans ses terres et qu'on aime à se représenter, dans une sorte de métayage patriarcal, subvenant avec une sollicitude anxieuse aux besoins des paysans groupés autour d'elle. C'est sous de tout autres couleurs que nous la montre Colbert. Presque partout il nous la montre désœuvrée, adonnée à l'ivrognerie, attentive à augmenter le poids des corvées et des redevances. Ce sont, par exemple, à Baguer-Morvan, dans l'évesché de Dol, les Boutier de Châteaudacy, « fort jeunes, descendus de gens très violents qui ont fait des usurpations autant qu'ils ont pu sur l'évesché et tenu leurs vasseaux dans la servitude. » — C'est à côté, le sieur de Préhenry, qui « n'est point marié, et n'a point servi le Roy, a toujours mené une vie fainéante, son occupation ordinaire estant de faire la débauche et de chasser ; — un autre de ses voisins, « homme de mauvaise vie, accusé d'assassinats, de violemens et autres crimes atroces, le procureur général est son alié, et les plus forts du Parlement, ses proches parens, ce qui cause l'impunité de ses crimes et la continuation de ses violences et de ses emportemens. » — C'est le sieur du Breuil des Hommeaux, « qui n'a ny service, ny estime, il est attaché à l'ivrongnerie, qui luy fait souvent faire des actions indignes d'un gentilhomme. » — Ce sont les sieurs de la Ligourdais, dont le père est mort depuis peu et qui « ne seront pas considérables par leurs mérites s'ils suivent les traces de leur père qui a toujours vécu dans la bassesse ; » — le sieur de la Manselière, « réputé très violent, tirannise ses vassaux, fait des usurpations et se fait fort de l'appuy des parens qu'il a au Parlement ; » — le sieur de Pouilly qui est jeune et qui « donne peu d'espérance aussy bien que deux autres frères qu'il a qui s'attachent si fort à la fainéantise qu'ils ne seront jamais propres à aucun employ ; » — le sieur de Troïdio, « qui n'est capable d'aucun emploi à cause de son ivrongnerie et de ses emportemens. » — Nous ne croyons pas moins caractéristique ce passage qui termine l'examen de l'état de la noblesse dans l'évêché de Dol. Dans toutes les paroisses dudit comté, il y a encore plusieurs gentilshommes très considérables qui n'ont rendu aucun service et dont l'occupation ordinaire est de boire. — Dans la Cornouaille, « les corvées sont évaluées par arrest du Parlement par lieu ou tenue ancienne qui est un feu, qui compose quelquefois jusqu'à six ou sept tenanciers, et paient entre tous douze livres, mais les gentilshommes en abusent et prennent le droit de chaque habitant. » — A Morlaix, le commissaire du roi reçoit également des plaintes « d'usurpations de droits de justice, appréciations exhorbitantes des redevances en grains, corvées excessives et autres exactions, voies de fait et violences, » comme, par exemple, du marquis de Goësbriand « envoyant des soldats armés de leurs mousquets et bandollières, avec la mèche compassée faire des commandements et sommations de sa part aux officiers de justice et faire insulte aux habitants qui ne lui sont pas agréables. »

C'est sous l'influence de ces diverses causes de mécontentement que nous allons voir se produire les principaux incidents de la révolte. Si la population des villes, souffrant surtout de l'application des nouveaux édits, tourne d'abord sa rage contre les bureaux du papier timbré et du tabac et les livrent au pillage, c'est contre les exactions de leurs seigneurs laïques ou ecclésiastiques, que les paysans de Basse-Bretagne dirigeront leurs principaux efforts. C'est là que nous les verrons, sous la conduite d'un notaire ruiné et faussaire, Sébastien Le Balp, « piller, suivant le témoignage contemporain, plus de deux cents maisons de noblesse ; » en certains lieux, « voulant égorger leurs prêtres, ou d'autres les expulser de leurs paroisses. » C'est aussi là que nous verrons un autre chef de révoltés, le grand De Moign, conduire ses paysans au château de la Boixière, et leur montrant une chambre où il pensait trouver les seigneurs du lieu, déclarer « qu'il y voioit de la noblesse, et qu'il les falloit tous brusler. »

Cette lettre-rapport de Colbert au roi montre bien l'état du pays et fait surtout ressortir la situation de la noblesse à cette époque en Bretagne.

C'est à ce moment, en 1675, que Louis XIV fit publier les édits relatifs à l'établissement du papier timbré, du monopole des tabacs et de la marque des vaisselles d'étain.

Ces édits, qui augmentaient les impôts d'une façon sensible, tombaient directement sur le peuple. Aussi furent-ils reçus par des rumeurs et par des plaintes dans toutes les provinces du royaume. Mais en Bretagne, ces rumeurs prirent corps et dégénérèrent en sédition armée.

Le 18 avril 1673, M. le duc de Chaulnes, étant gouverneur de la province, M. de Coetlogon, gouverneur de Rennes, une foule d'ouvriers et d'artisans parcourut les rues de Rennes en criant et finit par piller le bureau général de tabacs, puis celui du papier timbré.

Le 18 avril, les épiciers de Rennes, prétendant que la foule menaçait d'enfoncer leurs boutiques, allèrent trouver le premier président et lui demandèrent la permission de vendre du tabac comme auparavant. On ne sait qu'elle fut exactement la réponse de ce dernier. Leur conseilla-t-il, comme l'écrit M. de Coëtlogon fils, de ne céder qu'à la violence, leur fit-il espérer, comme d'autres le prétendent, la prochaine révocation des édits ? Quoiqu'il en soit, les épiciers « prirent cette réponse pour une véritable permission et l'ayant publiée au menu du peuple, ils l'animèrent contre ceux qui tenaient le bureau général pour la distribution du tabac et le pillèrent. » Aucune mesure n'avait pu être prise pour prévenir ou arrêter cette irruption subite. En l'absence du gouverneur de la province, de M. Coëlogon, gouverneur de la ville, le fils de ce dernier, assemble à l'Hôtel de Ville et envoie chercher les capitaines des cinquantaines de la ville pour leur faire prendre les armes, mais apprenant que la foule grossissait toujours et qu'après le bureau de tabac elle avait pillé et forcé ceux du papier timbré et du contrôle et menaçait le bureau général des devoirs, « je crus qu'il n'y avoit plus de temps à perdre, écrit-il à Louvois, et marchay à eux avec vingt ou trente gentilhommes qui s'étoient rendus auprès de moy et chargeay ces mutins dont il en fut tué d'abord plus de douze et blessé près de cinquante, cet échec épouvanta si fort les autres, qu'après avoir rué quelques pierres, ils eurent recours à la fuite. » — Ayant ensuite fait fermer les portes de la ville, il y plaça des corps de garde de bourgeois. A la suite de cet énergique répression qui reçut l'approbation du roi et valut à son auteur une pension annuelle de mille écus, la nuit fut très calme ainsi que les jours suivants et l'on put croire que la tranquilité était définitivement rétablie ; mais Rennes, suivant l'expression du duc de Chaulnes, donnant le mouvement à toute la province, le contre-coup de l'émotion qui venait de se produire dans cette ville ne tarda pas à s'y faire sentir.

N'est-ce pas une action héroïque de tuer de sang-froid une douzaine de ces malheureux ? Mais quand pour cela on touche une pension de 3,000 livres, où est le mal ?

Malgré ces meurtres et ces assassinats, car nous ne pouvons désigner autrement les actions de MM. Coëtlogon et de ses compagnons, le tumulte, en passant par diverses péripéties, continua jusqu'en juin.

A Nantes, il y eut également tumulte et sédition et, le 23 avril, pillage du bureau de vente de tabac.

Comme à Rennes, il y eut répression sanglante et, ce jour-là, ce fut un malheureux garçon de cabaret, nommé Goulven Salaun, qui paya pour les autres et fut mis à la torture, puis pendu. Son crime avait été de sonner le tocsin.

Mais la sédition, arrêtée dès ses débuts, n'eut pas de suite et tout rentra dans l'ordre à la fin de mai.

En Basse-Bretagne les édits avaient également été publiés, mais le bruit courait parmi le peuple qu'on voulait établir la gabelle et que c'était le marquis de Coste qui en était chargé.

Le 9 juin, au matin, le tocsin sonne à Chateaulin et dans toutes les paroisses voisines. Le peuple s'assemble. Un sergent se fait l'organe du peuple près de M. le marquis « et le sergent « lui parlant insolemment l'obligea de lui donner un coup « d'épée au travers du corps, lequel tomba mort sur la place. » Quelle digne réponse d'un marquis, à la canaille ?

Mais comment s'en étonner, quand Mme de Sévigné elle-même écrivait à sa fille à propos de ces troubles : « On dit qu'il « y a cinq ou six cents Bonnets bleus de Bretagne qui auraient « bien besoin d'être pendus pour leur apprendre à parler. »

On n'est pas plus grand seigneur que cette tendre mère. Qu'est-ce pour elle cinq ou six cents paysans ?

Aux environs de Quimper, il y eut également des troubles et à la tête des séditieux était Alain Le Moign, dit le grand maigre de Briec.

La troupe des séditieux s'empara du château de la Boucxière. Mais les mesures du duc de Chaulnes arrêtèrent le mouvement dans les environs et Le Moign, ainsi que ses principaux amis payèrent de leur tête, quand le calme fut rétabli, leur initiative hardie.

C'est à ce moment que fut rédigé le Code paysan, qui devait plus tard servir de base aux cahiers des provinces en 1789.

Mais c'est à Carhaix et dans les environs que le mouvement révolutionnaire eut son apogée.

Un ancien notaire de Kergloff, en Cléden-Poher, nommé Sébastien Le Balp, se mit à la tête du mouvement et resta, jusqu'à la fin, l'âme de l'insurrection.

Le 6 et le 7 juillet 1673, les paysans de 21 trèves des environs de la petite ville de Carhaix se rassemblèrent et vinrent rejoindre leurs amis au son du tocsin qui sonnait partout.

Les paysans révoltés en voulaient surtout aux agents du fisc. Ils s'attaquent tout d'abord au fermier des grands et petits devoirs, dont ils brûlent les papiers, et mis en goût par ce premier succès ils s'en vont en masse au château de Kergoët, appartenant au marquis de Trévigny, homme dur et méchant, connu dans tout le pays pour ses exactions vis-à-vis ses tenanciers, dit un historien de l'époque.

Le 12 Juillet, à Callac, ils brûlent le contrôle.

Le 14, ce sont les religieux de Langonnet qui reçoivent la visite de leurs vassaux révoltés. Ceux-ci demandent et obligent lesdits religieux à signer un acte par lequel ils s'engagent à modérer suivant des conditions nettement déterminées les rentes et redevances qu'ils perçoivent.

Le 22 Juillet, Pontivy est attaqué. Le 23, c'est Maël Carhaix. Le 27, Lanvénégen.

Les paysans s'étaient coiffés du Bonnet rouge et s'intitulaient les Bonnets rouges. C'est Le Balp qui était le chef, qui donnait l'impulsion et les ordres.

Ce Le Balp, qu'on représente tantôt comme un bandit, tantôt au contraire comme un homme très intelligent, très audacieux et portant facilement le poids du commandement, avait conçu un plan qui pouvait mettre toute la Bretagne en feu. Il voulait s'emparer de Morlaix, qui de l'avis même du gouverneur, le comte de Boiscou, n'aurait pu résister, puis se mettre en contact avec les Hollandais dont la flotte, commandée par Ruyter, croisait sur les côtes.

La flotte hollandaise, agissant sur les côtes, les paysans révoltés et formant une armée, arrêtant à chaque pas les troupes royales, les principales villes et ports tombaient en leur pouvoir. Mais, pour réussir, il fallait un chef expérimenté ayant des connaissances militaires et pouvant discipliner et conduire les hordes incohérentes qui formaient les révoltés.

Il fallait, pour réussir, que le chef nominal appartînt à la noblesse, pour pouvoir se servir du prestige qui accompagnait encore les titres, pour entraîner le reste de la population.

Le Balp, qui avait le sentiment de la situation, voulait faire ce qu'accomplirent plus tard les chefs roturiers de la Vendée, mettre les nobles à la tête des paysans.

Lui, roturier qui connaissait très bien toute la noblesse, avait choisi pour jouer le rôle de chef militaire, Charles de Persin, marquis de Montgaillard, qui, par sa femme, était propriétaire du château de Thymeur, en Pállaouen. Ce de Montgaillard avait été colonel du régiment de Champagne. Forcé de donner sa démission, il était venu se réfugier au château de sa femme.

C'était un cerveau brûlé, intelligent, sans scrupule, homme d'intrigues et rempli d'ambition.

Sa conscience très élastique lui permettait d'employer tous les moyens pour atteindre le but déterminé.

Il informait le duc de Chaulnes de ce qui se passait dans les environs de son manoir, et ayant eu connaissance des projets de Le Balp, il faisait répandre parmi les paysans révoltés la nouvelle mensongère que six mille hommes de troupes du roi étaient entrées au château du Taureau, que de plus il y en avait encore 6,000 à Brest.

Cette nouvelle fit rentrer les paysans dans leurs foyers, Montgaillard était en même temps en relations avec le comte de Boiséou, gouverneur, qui lui avouait la détresse où il se trouvait et qui ajoutait : « Je crois que si vous pouviez gagner « leur chef ou lui faire couper la gorge, tout ce party se réduirait « en fumée. Si je le tenais ici, j'en serais quitte à un bout de « corde..... »

Mais Le Balp s'aperçut bientôt qu'il était dupe de Montgaillard et comme réponse il vint avec 600 révoltés, s'empara du château de Thymeur et y retint Montgaillard prisonnier.

Le du de Chaulnes averti avait réuni de nombreuses troupes ; il ne s'agissait plus pour les révoltés de s'emparer de Morlaix, il fallait arrêter le duc de Chaulnes.

Le 2 septembre, Le Balp vint avec 2.000 insurgés à Thymeur, mais voulant mettre de gré ou de force Montgaillard à la tête de ses bandes, il vint dans la nuit pour s'entendre avec lui. Montgaillard, pour toute réponse, mit brusquement l'épée à la main et la passa à travers le corps de Le Balp.

C'était un assassinat. Mais cet assassinat sauva l'autorité royale et mit fin sans combat à la révolte. Les paysans n'ayant plus de chef se hâtèrent de rentrer chez eux.

Une répression sanglante, une misère plus grande, des impôts plus lourds avec forces tortures et gibets, tel fut pour le malheureux peuple le résultat de son insurrection de 1675. Insurrection qu'on a nommé la Révolte des bonnets rouges.

Et pour conserver de sa vengeance une trace durable le grand roi fit abattre les flèches des clochers.

Ne pouvant plus que mourir le peuple se résignait paisiblement à la mort. Telle la brebis que l'on mène à l'abattoir et qui après avoir donné sa toison à son maître pour le réchauffer lui donne ensuite son sang et sa vie, tel le pauvre peuple breton donnait sa toison, c'est-à-dire tout ce qu'il possédait ; ses forces, sa vigueur, ses faibles ressources pour réchauffer lui aussi un maître implacable dans ses puissances et, n'en pouvant plus, il abandonnait famille, femme et enfants et trouvait enfin le repos dans la mort.

Aussi la dépopulation dans les campagnes allait-elle toujours en augmentant. Mais qu'importe au maître ? qu'importe au grand seigneur la vie de son troupeau, pourvu qu'il ait toutes les jouissances de Versailles et du parc aux cerfs ? Il lui faut toujours la toison de la brebis, c'est-à-dire de l'argent.

En 1764, Louis XV demanda un nouvel impôt de deux sols par livre. Les états provinciaux de Bretagne se réunirent à Rennes. Jusqu'alors les grands seigneurs et le haut clergé avaient toujours été en désaccord pour le vote des impôts, mais à cette demande inopinée les trois ordres se réunirent pour opposer un refus catégorique à la demande du roi.

Le parlement breton inspiré par La Chalotais soutint les états et refusa d'enregistrer les édits. Le courageux La Chalotais qui avait osé résister au duc d'Aiguillon, gouverneur de la province, fut jeté aux fers avec son fils et 3 autres conseillers. Mais cet acte cachait sourtout une vengeance. D'Aiguillon était la créature des jésuites, et La Chalotais avait dans un réquisitoire éloquent dénoncé comme antisociales, les conditions des jésuites qui avaient été, à la suite, condamnés par le parlement breton un an avant qu'elles le fussent par le parlement de Paris.

Ici encore la Bretagne avait pris l'initiative du mouvement.

La Chalotais resta 3 années en prison, mais de cette prison qui devait arrêter toute parole, toute lumière, toute justification, sortit un mémoire justificatif « écrit avec une plume faite d'un « cure-dents, de l'encre faite avec de la suie de cheminée, du « vinaigre et du sucre, sur des papiers d'enveloppe de chocolat. »

Ce *cure-dents*, écrivit Voltaire quand il lut le mémoire, *burinait l'histoire.*

L'opinion publique était saisie. La Chalotais fut remis en liberté et d'Aiguillon destitué de son gouvernement, mais pour devenir ministre de par la faveur de madame Dubarry.

La Bretagne, sous Louis XV, ne vit qu'accroître sa misère, mais qu'importait au roi. « Après nous le déluge, avait-il dit à ses intimes » et il laissait à son petit-fils Louis XVI la situation la plus embarrassée, la plus périlleuse que jamais roi eut en France. Et pourtant les avertissements ne manquaient pas. Voltaire, dont le génie ouvrait et lisait le livre de l'avenir, pouvait dire avec raison :

« Les jeunes gens sont bien heureux, ils verront de belles choses. »

Le roi, les ministres, les grands seigneurs se bouchaient les oreilles pour ne pas entendre les plaintes, les doléances, les réclamations, les malédictions que le peuple lançait sur eux de toutes parts. Ils se bouchaient les yeux pour ne pas voir, quand, dans leurs carosses à 6 ou 8 chevaux, ils parcouraient leurs domaines, les pauvres bêtes humaines qui dans les champs déterraient quelques racines pour ne pas mourir de faim.

Tel un chêne séculaire, orgueil de la forêt, étend au loin ses branches innombrables et touffues, prend pour lui toute la lumière, tout le sol, le soleil et la terre et ne permet pas au plus modeste arbrisseau de pousser près de lui jusqu'au jour où, foudroyé par les éléments en courroux, il va de sa pourriture féconder la terre, sa mère nourricière ; telle la royauté absolue qui pendant tant de siècles s'était crue une divinité, un soleil resplendissant sur le monde *nec pluribus impar* fut, elle aussi, dans un jour d'orage, écrasée par la foudre populaire. Et le trône ne fut plus qu'une poussière que la tempête rejeta à tous les coins de la France.

L'heure avait sonné. — La monarchie d'essence divine et de régime féodal n'existait plus.

L'immortelle révolution avait su proclamer la liberté de l'homme. Elle en avait, pour l'éternité, buriné par une plaque d'airain les droits et les devoirs.

Parcourir, même à grands pas, les diverses étapes de la grande époque demanderaient plus de développement que nous ne pouvons en donner dans cette conférence. Et puis notre but est d'étudier le mouvement révolutionnaire sous les diverses monarchies et non la révolution elle-même. Mais rappelons-nous avec orgueil que c'est la Bretagne, notre beau et aimé pays, qui a toujours été à la tête de tous les mouvements révolutionnaires et répétons bien haut, pour que nos paroles soient entendues de tous les gens qui veulent oublier l'histoire, qu'à Pontivy, les Rohan, malgré leur château fortifié et leur nombreuse valetaille, durent reculer devant les Bonnets rouges, c'est-à-dire devant le peuple.

Rappelons-nous que c'est de Pontivy que partit l'idée du pacte fédératif qui devait, le 14 juillet 1790, anniversaire de la prise de la Bastille, réunir au Champ-de-Mars, dans un même élan d'enthousiasme et de foi, le cœur de tous les français.

N'oublions pas, que si dans les guerres de Bretagne et de Vendée, il y eut parmi les chefs des traîtres soudoyés par l'Angleterre, des faux convaincus et enthousiastes de loyalisme, beaucoup d'ambitieux, la grande masse était composée d'êtres inoffensifs et inconscients qui s'étaient laissés entraîner à la rébellion sans se douter de ce qu'ils faisaient.

Mais la guerre civile avait cédé devant les mesures de génie du général de 27 ans, de l'honnête homme, du glorieux Hoche, dont la statue va s'élever dans quelques mois sur les bords de l'océan, à la place même où il a vaincu.

Dans le magnifique bronze que le grand artiste Dalou a fondu, à la demande des admirateurs du pacificateur de la Bretagne et de la Vendée, « les Bleus de Bretagne ». le héros repose, sa main invincible sur son épée, aujourd'hui rentrée au fourreau et inutile, puisque l'ennemi a fui et a disparu, mais il en tient toujours la garde et l'on sent qu'il est prêt à la retirer au premier appel de la Patrie.

Son regard contemple la mer. Qu'y voit-il ? La flotte anglaise qui fuit et autour, bien au loin, une flotte française l'emportant, lui et son armée, vers les côtes d'Islande, car, dans son front pensif, l'idée de l'expédition a déjà germé.

La Convention arrive à la fin de son mandat et pendant son existence si remplie et si féconde, elle avait rendu 11,210 décrets. Elle avait voté les trois degrés progressifs d'instruction, embrassant tout ce qu'il importe à l'homme et au citoyen de savoir. Elle inaugurait le système décimal, elle établissait l'uniformité des poids et mesures. Elle fondait le bureau des longitudes, elle réformait le calendrier. Elle créait le grand-livre — et le 26 octobre 1795 elle se séparait aux cris de : Vive la République !

Ce fut la constitution de l'an III (22 août 1795) qui lui succéda. Ce gouvernement est plus connu sous le nom de Directoire. Il prit fin le 10 novembre 1799.

Sous le Directoire, les royalistes relevèrent la tête malgré les dures leçons de l'histoire et de l'adversité, ils se mirent à comploter de plus belle, complots enfantins, où la mascarade se joignait à l'horreur.

A Paris, connus sous le nom d'Incroyables ou de Muscadins, revêtus de costumes extravagants et employant un langage enfantin et ridicule, ils s'en allaient en bandes faire du tapage dans les théâtres, dans les tripots du palais royal et dans les mauvais lieux et parce qu'une police insuffisante ne les réprimait pas, ils s'imaginaient être quelque chose.

En province, quelques-uns des anciens chefs qui avaient fait leur soumission relevaient la tête. Ils avaient reformé des bandes, mais ils ne quittaient guère les forêts et ne faisaient leurs expéditions que la nuit.

C'est ainsi que 3,000 chouans surprirent, par une nuit de brouillard, la grande ville de Nantes, s'emparèrent de la prison du Bouffay, d'où ils firent sortir quelques-uns des leurs qui y étaient emprisonnés et se retirèrent prudemment avant que le jour ne parut.

Georges Cadoudal qui, à la suite des évènements de Quiberon, s'était réfugié en Angleterre, revint alors en France avec le titre pompeux de commandant en chef du Finistère, des Côtes-du-Nord et du Morbihan, titre que lui avaient décerné les princes.

Il entretenait des relations quotidiennes avec eux, les mettant au courant de ce qui se passait et de son côté il recevait subsides et secours. C'est ainsi que l'Angleterre put lui faire passer, malgré la surveillance des républicains, 20,000 fusils, qu'il se hâta d'aller cacher dans les forêts d'Elven et de Trédion.

Dans toutes les forêts un peu importantes s'organisèrent des bandes. Dans la forêt de Quénécan, bandes de Lemercier, dans la forêt de Lorges, bande de Saint-Régeant.

Et les deux chefs tombèrent d'accord pour aller attaquer et piller Saint-Brieuc. C'est dans la nuit du 4 brumaire (novembre 1799) qu'ils allèrent piller les archives, prendre de la poudre, un canon et tous les chevaux de la remonte pour repartir le lendemain avant le lever du jour. Mais cette nuit là ils avaient marqué leur passage par l'assassinat de l'honnête et courageux procureur syndic Poulain de Corbion qui, aux demandes réitérées des bandits de crier « Vive le roi », répondit toujours « Vive la République ! »

Beaucoup de petites villes furent surprises, pillées pendant la nuit et abandonnées le matin. Locminé, Roche-Sauveur, qui devrait bien conserver ce nom glorieux, Sarzeau, Muzillac, Landévant, Redon. Les bandes de chouans étaient des bandits organisés en vue de vengeances personnelles, de vols et de pillages.

Mais les temps vont vite. Le Directoire a disparu. Voilà le Consulat, puis le Consulat à vie.

La répression de la chouannerie est poussée avec fermeté, avec violence même, et tous les chefs sont traqués, poursuivis, bannis ou condamnés à mort.

Mais ces gens-là étaient irréductibles. Saint-Régeant qui avait imaginé le pillage de Saint-Brieuc, qui avait assassiné Poulain de Corbion, était allé se cacher à Paris. C'est lui qui imagina la machine infernale qui faillit arrêter dans sa marche triomphale le vainqueur de Rivoli, d'Arcole et de Marengo.

L'heureux général était vainqueur aussi bien des ennemis extérieurs que des ennemis intérieurs. Aussi arrivé au faite de l'orgueil, il se sacre empereur et roi. Rien ne lui résiste. Le voilà, par son nouveau mariage, neveu de Marie-Antoinette et de Louis XVI. Il réorganise la noblesse. Il donne titres, rentes et fiefs à son entourage. Il n'y a plus que courtisans autour de lui. Les anciens seigneurs sont trop heureux de lui confier leurs enfants pour porter la queue du manteau impérial. Beaucoup d'anciens conventionnels deviennent sénateurs. Tel devient comte, tel autre devient duc.

Quelques caractères inébranlables refusèrent seuls les faveurs. Du nombre était le brave Leperdit, l'ancien maire de Rennes, le petit tailleur que dédaignaient messieurs les nobles.

La victoire avait enfin abandonné l'aigle triomphante. Les maréchaux étaient fatigués ; ils voulaient le repos, ils voulaient jouir.

Les nobles, les émigrés, les courtisans, toute la valetaille dorée qui s'était réunie à la cour du maitre pour être à la source d'où coulaient honneurs, fortune et titres, sentaient que le soleil d'Austerlitz s'était obscurci.

Comme les fauves qui restent tranquilles sous l'œil et la cravache de leur belluaire, mais qui n'attendent qu'un moment d'oubli et d'inattention pour se précipiter, le terrasser et le broyer ; les fauves de la ménagerie impériale, quand ils sentirent le regard du dompteur s'endormir, la cravache tomber d'une main fatiguée, se précipitèrent tous en masse et traînèrent le héros sur les rochers de l'île d'Elbe.

Mais l'aigle, reposé un instant, reprit son vol et, d'un simple coup d'aile, balaya Bourbons, courtisans, émigrés et prêtres, et les envoya s'adorer réciproquement dans leur petite cour de Gand.

Toutes les armées européennes revinrent sur la France. Les anciens combattants de Bretagne et de Vendée s'agitaient et on put craindre de voir encore une fois la guerre civile se joindre à la guerre étrangère.

Dans ces jours de deuil et de tristesse, les républicains, par patriotisme, s'unirent à l'empire et ce fut encore la Bretagne qui donna le signal. Les jeunes gens de Rennes adressèrent un appel pressant à toutes les villes de la province.

Les Nantais répondirent par l'adresse suivante ;

« Braves Rennais, la cause de la Patrie nous réunit il y a 26 ans ; la même cause doit nous réunir aujourd'hui.

« Les débris d'un parti qui naguère voulait courber nos fronts sous le joug humiliant des préjugés que nous avons détruits, s'agitent et paraissent nous menacer.

« Calculant sur la possibilité d'une guerre étrangère, et sur l'absence de notre invincible armée, les nobles et leurs esclaves se flattent de nous redonner des fers, ils rêvent encore notre avilissement !

« Bretons, pressons-nous autour du grand homme qui fut si longtemps la gloire de la France et qui nous promet son bonheur.

« Le gouvernement des Bourbons marchait à l'anéantissement de toutes les idées libérales. La porte de l'avancement se fermait pour nos fils. Encore une génération et les plébéiens retombaient sous l'inquisition des moines et la tyrannie des nobles. Napoléon vient nous réintégrer dans nos droits. Déjà sa présence a consolidé les propriétés, ramené la tolérance, et effacé cette noblesse orgueilleuse et héréditaire, la honte de la civilisation.

« Rennais ! Amis ! en attendant cette constitution libérale qui doit rallier tous les Français redevenus égaux et asseoir la société sur des bases désormais inébranlables, unissons-nous pour rendre inutiles les efforts de la malveillance,

« MM. Colombel, Chevalier, Tartoue, Prou, Verrier, Drouet, nos députés, sont chargés de l'honorable mission de renouveler notre ancien pacte d'alliance, et de régulariser, de concert avec vous, les mesures que commandent les circonstances et l'intérêt commun.

« Vos amis les Nantais ! »

Les députés de Nantes furent reçus à Rennes, le 22 avril 1815, par une foule immense ayant musique en tête, et aux cris de : « Vive l'Empereur ! » Le préfet crut devoir s'assurer que les sentiments étaient, de part et d'autre, *tels qu'on pourait le désirer*, et ce constaté, l'autorité put laisser un libre cours à cet élan patriotique. Le dimanche 23, dans une réunion considérable, les commissaires Nantais déposèrent sur le bureau l'adresse ci-dessus de leurs commettants. On discuta les bases d'un pacte fédératif, *à l'imitation de celui que la Bretagne signa à Pontivy en 1790*. Sur le bruit de cette réunion, des commissaires du Morbihan partirent de Vannes, *avec l'agrément du préfet*, pour se réunir à leurs amis de Rennes et de Nantes. Blin, de Rennes, accepta la présidence de l'assemblée afin de régulariser les opérations. Dans la nuit, le Pacte fédératif, « destiné à unir tous les bons Français des cinq départements de la Bretagne pour la défense de la Patrie, de sa liberté, de ses constitutions, et de l'Empereur », fut rédigé et adopté le lendemain avec enthousiasme.

Presque toutes les provinces répondirent à l'appel et formèrent des fédérations. Des souscriptions s'ouvrirent pour subvenir aux frais d'équipement des fédérés. On cite l'acte patriotique du marquis Le Mintier de Lehellec, qui versa 150,000 francs pour l'équipement du premier bataillon de fédérés qui partirait. Les fédérés bretons, au lieu d'être dirigés sur la frontière, furent utilisés à maîtriser les mouvements insurrectionnels qui avaient lieu sur plusieurs points de la Bretagne et de la Vendée.

Sol de Grisolles put traverser impunément Josselin, Ploërmel, Malestroit, Questembert et aller jusqu'à Redon, où quelques habitants, retranchés dans le clocher, arrêtèrent sa marche.

Une colonne de chouans prit Carhaix, une autre colonne opérait aux environs de Vannes. Les jeunes étudiants de Rennes, accourus à l'appel, rencontrèrent à Auray les élèves réactionnaires du collège de Vannes. Ce n'étaient que des enfants, mais la rage politique les entraînait déjà et des deux côtés il y eut des morts. Les séminaristes furent poursuivis jusqu'à la Chartreuse.

La nation était fatiguée de victoires, rassasiée de gloire. Elle voulait le repos et restait indifférente aux intrigues qui se déroulaient sous ses yeux. Et puis elle était épuisée d'hommes. Les mères avaient beau enfanter, fournir toujours de nouveaux héros, l'insatiable général n'en avait jamais assez. Elle était dégoûtée des Bourbons et des nobles, mais elle était lasse de l'empire et avait oublié la République.

Le maître tout puissant craignait les vrais républicains et il hésitait à les employer ; mais il méprisait les nobles, car de sa main puissante il les avait tous soupesés et il savait combien d'or, combien de titres il fallait pour les acheter.

Toutes les nations européennes s'étaient coalisées contre l'empire. Et à la tête des ennemis, était l'empereur François-Joseph, qui ne pouvait se pardonner d'avoir donné comme femme une fille d'empereur de droit divin à un parvenu, d'avoir fait partager la couche d'un soldat, même couronné, à une archiduchesse.

La France était en danger ; les républicains oubliant leurs aspirations, ne voyant que la Patrie, marchaient sous le drapeau impérial, et tandis que les Fay, les La Bédolière entraînaient leurs soldats, les marquis de Grouchy, les comtes de Bourmont faisaient manquer la victoire.

Et pendant que le bataillon sacré, commandé par un Breton, le brave Cambronne, se faisait décimer à Waterloo, les princes de Bénevent, les ducs d'Otrante et certains comtes de l'empire proclamaient la déchéance de l'empereur et traitaient avec l'ennemi pour rappeler les Bourbons.

Mais éloignons-nous vite de cette date fatale, ne suivons pas le héros dans sa longue agonie de Sainte-Hélène. Essayons d'oublier la trahison ; mais rappelons à nos enfants l'histoire de ces belles royalistes, attachant à la queue des chevaux des cosaques, leurs amants, la croix de la légion d'honneur, pour qui tant de héros avaient combattu et donné leur vie.

Sous Louis XVIII, impotent, goutteux, gourmand, la royauté n'eut aucun prestige. Le territoire était amoindri de moitié et nos belles colonies retenues par l'Angleterre. Elle avait promis de nous les rendre à la paix, mais elle oublia de le faire et voilà comment elle est restée maîtresse de Malte.

Dans une chambre de pairs avilis, qui, après avoir servi l'empire, servait la royauté, Fay, La Bédoyère, firent entendre de nobles protestations en faveur de la cause de la liberté. Mais la réaction royaliste domina même le roi, et Ney et La Bédoyère furent fusillés, tandis que Brune et Ramel étaient assassinés dans le Midi, où la terreur blanche régnait en maîtresse absolue.

Les cours prévotales siégeant dans chaque chef-lieu de département furent le digne pendant des tribunaux révolutionnaires. Elles prononçaient sans appel et ordonnaient l'exécution immédiate, ce qui empêchait le recours en grâce.

Qui saura jamais le nombre des victimes qu'a faites cette terreur blanche ? Suivant certains historiens, il atteint celui des victimes de la terreur rouge.

C'est ainsi que le brave général Travat, parce qu'il avait vaincu les dernières bandes royalistes en Vendée, fut poursuivi et condamné à mort. On lui refusa même un avocat, mais l'injustice était si flagrante que Louis XVII commua la peine.

C'est ainsi que l'abbé Grégoire, le fameux conventionnel, qui avait eu l'honneur de proposer l'institution du conservatoire des arts et métiers, du bureau des longitudes, etc., fut, en 1819, expulsé de la Chambre dont il faisait partie comme député de l'Isère.

Dans des récits très intéressants, très passionnés, mais très mensongers, les poètes et romanciers ont trouvé dans le soulèvement de Bretagne et de Vendée une mine très riche où s'est complu leur imagination. Ils y ont trouvé matière à beaucoup de romans, et ils ont essayé de faire ressortir le prétendu héroïsme des émigrés, des Vendéens et des Chouans. Il appartient à l'histoire, il appartient au descendant d'un de ces Bleus dont le grand-père a été assassiné par une bande de bandits qui portaient la cocarde blanche, d'y opposer le démenti le plus formel en montrant tous les crimes commis par eux, tous les crimes commis par la restauration.

Louis XVIII, en rentrant en France, s'était empressé de faire disparaître le glorieux drapeau tricolore et de le remplacer par le drapeau blanc.

Le peuple entier (car tous les hommes avaient été soldats) qui avait parcouru toute l'Europe sous les trois couleurs, avait vu le changement du drapeau avec stupeur, mais il n'avait rien dit. — Quand il vit les abus de l'ancien régime renaitre petit à petit, il se mit à réfléchir. De la réflexion à la conspiration il n'y avait qu'un pas. — Et ce pas fut franchi.

L'assassinat du duc de Berry, fils du comte d'Artois, fut le prétexte d'une réaction plus violente encore. Le clergé, trouvant le terrain bien préparé, se lança dans la lutte politique, et sous la direction des jésuites, se mit à parcourir tout le territoire sous la dénomination de « missionnaires ».

Dans les villes, les bourgs, les villages, ce n'étaient que longues processions aux jeunes filles habillées de blanc, officiers en uniforme.

A Brest, les missionnaires, conduits par l'évêque de Quiberon, furent conspués, hués, sifflés et obligés de déguerpir. Mais le maire fut destitué.

La plupart des anciens officiers de l'empire qui avaient été destitués et remplacés par les chevaux légers de l'armée de Condé se mirent à la tête des mécontents. Nantil et Berard furent les chefs du premier complot, en 1820. Puis ce furent les « Chevaliers de la liberté » qui, avec Berton comme chef, arborèrent le drapeau tricolore. Les conspirateurs furent poursuivis, condamnés et Berton fusillé.

Pendant ce temps, le courageux et éloquent Manuel se faisait expulser de la chambre des pairs.

Après la chute du ministère Decazes et la naissance du duc de Bordeaux, Louis XVIII, tout en gardant le titre de roi, ne s'occupait plus de rien et avait passé le pouvoir à Monsieur, et aux pires réactionnaires.

Charles X monta sur le trône en 1824, mais il resta roi ce qu'il avait été prince — clérical, vaniteux, fat et incapable.

Avec son ministère Villèle, il s'empressa de promulguer les lois sur le sacrilège, sur le milliard d'indemnités, sur le licenciement de la garde nationale et la loi sur les congrégations.

Toutes ces lois étaient contraires aux principes de liberté qui existaient encore au fond du cœur de tous les vieux Français.

La congrégation, c'est-à-dire l'organisation jésuitique et cléricale, enserrait la France entière sous un joug despotique ; Brest fut la première ville qui osa secouer le joug. Les missionnaires avaient été expulsés sous Louis XVIII. — L'abbé Guyon et ses jésuites recommencèrent une mission. Il y eut troubles, coups, blessures, et l'abbé Guyon et ses acolytes ne purent quitter Brest que sous l'escorte de 60 dragons.

De 1828 au 9 août 1829, le ministère Martignac essaya, mais vainement, de réaliser l'accord entre la royauté et la liberté. Il fut remplacé par les hommes les plus détestés, de Polignac, de la Bourdonnaye, plus cléricaux et plus jésuites que la congrégation elle-même, et par de Bourmont, le traitre de 1825.

Alors parut dans les journaux la pièce suivante :

« Nous, soussignés, habitants de l'un et l'autre sexe dans les cinq départements de la Bretagne ;

« Considérant qu'une poignée de brouillons politiques menace d'essayer l'audacieux projet de renverser les bases des garanties constitutionnelles consacrées par la Charte ;

« Considérant que si la Bretagne a pu trouver dans ces garanties la compensation de celles que lui assurait son contrat d'union à la France, il est de son devoir et de son intérêt de conserver le reste de ses libertés et de ses franchises ;

« Considérant que la résistance par la force serait une affreuse extrémité ; qu'elle serait sans motif lorsque les voies restent ouvertes à la résistance légale, et que le moyen le plus certain de faire préférer le recours à l'autorité judiciaire est d'assurer aux opprimés une solidarité fraternelle ;

« Déclarons sous les liens de l'honneur et du droit :

« 1° Souscrire individuellement pour la somme de 10 francs, et subsidiairement, ceux des soussignés, inscrits sur les listes électorales, pour le dixième du montant des contributions qui leur sont attribuées par lesdites listes ;

« 2° Cette souscription formera un fonds commun à la Bretagne, destiné à indemniser les souscripteurs des frais qui pourraient rester à leur charge, par suite du refus d'acquitter des contributions publiques illégalement imposées, soit sans le concours libre, régulier et constitutionnel du roi et des deux chambres constituées en conformité de la Charte et des lois actuelles, soit avec le concours de chambres formées par un système électoral qui n'aurait pas été voté dans les mêmes formes constitutionnelles ;

« 3° Advenant le cas de la proposition soit d'un changement constitutionnel dans le système électoral, soit de l'établissement illégal de l'impôt, deux mandataires de chaque arrondissement se réuniront à Pontivy, et, dès qu'ils seront réunis au nombre de vingt, ils pourront nommer parmi les souscripteurs trois procurateurs généraux et un sous-procurateur dans chacun des cinq départements ;

« 4° La mission des procurateurs généraux est de recueillir les souscriptions, de satisfaire aux indemnités en conformité de l'article 2, d'exercer sur la réquisition de tout souscripteur inquiété par une contribution illégale toutes les poursuites légales contre les exacteurs ; enfin, de porter plainte civile et accusation contre les auteurs, fauteurs et complices de l'assiette et perception de l'impôt illégal. »

Cette fois encore la Bretagne avait frappé juste.

A la violation prévue de la loi et du droit par le pouvoir central, elle opposait la menace de refuser l'impôt. Comme en 1788, en 1790, en 1793 et en 1815, la France entière applaudit et se leva au signal parti de la Bretagne. On vit se former sur le modèle de l'Association bretonne, les Associations parisienne, lorraine, bourguignonne, normande, etc.

Le gouvernement avait remporté un succès éclatant par la prise d'Alger. Il se crut assez fort pour dévoiler sa pensée secrète et le 26 juillet il promulgua quatre ordonnances.

La première suspendait la liberté de la presse.

La deuxième renvoyait une deuxième fois la Chambre.

La troisième restreignait le corps électoral.

La quatrième convoquait les collèges électoraux pour nommer une chambre qui, d'après les termes mêmes de la troisième, ne pouvaient être composée que de nobles et de grands propriétaires.

C'était un coup d'Etat qui ramenait la France cent ans en arrière. C'était la violation de toutes les lois. C'était le règne de la féodalité. C'était le triomphe de la congrégation et du bon plaisir.

Aussi, le jour même, les protestations furent-elles générales. Le peuple, pendant trois jours, combattit courageusement, força l'armée à reculer et Charles X à s'enfuir à Rambouillet.

Là, il abdiqua en faveur de son petit-fils Henri, nommant son cousin, le duc d'Orléans, lieutenant général du royaume. Mais ce dernier, préférant le titre de roi, se rendit à l'hôtel de ville, prêta serment et devint roi sous le nom de Louis-Philippe Ier.

Nous voilà arrivés à l'histoire actuelle. Nous ne pouvons ici étudier ni la République de 1848, ni celle qui nous gouverne depuis 1870. Mais si dans cette course rapide à travers trois siècles nous n'avons pu que faire une analyse succinte et très rapide des faits, nous devons jeter un coup d'œil sur le mouvement intellectuel et moral qui a marqué les dernières années de la royauté légitime et donné l'impulsion au mouvement actuel.

Des Bretons sont à la tête.

Châteaubriand, de par son origine patricienne, était légitimiste. Comme le plus jeune de dix enfants, il fut d'abord destiné à l'église, mais ses frères ainés étant morts, on voulut le faire entrer dans la marine. Finalement il fut nommé sous-lieutenant au régiment de Navarre.

Mais ne voulant pas servir le gouvernement nouveau, il s'embarqua pour le Nouveau Monde. En tête à tête avec la grandiose nature vierge, il apprit à penser. C'est là que se développèrent en lui les grandes qualités de son génie poétique. Il revint en France et en 1792 il émigra et vint se battre dans l'armée des princes contre sa patrie.

Blessé et n'ayant en perspective que la misère, il parvint à gagner l'Angleterre. La lutte pour la vie mûrit son génie et il commença à écrire ses œuvres, à qui il ne manque que la mesure rythmée des vers pour faire des poèmes.

A la restauration, il se lança dans la politique, fut tour à tour ministre, ambassadeur. Par ses actes, par ses écrits, il soutient Charles X, mais il combat le ministère Polignac et, à la chute du roi, il proteste de toute sa force contre l'avènement de Louis-Philippe. Il publie brochures sur brochures pour combattre le nouveau gouvernement. Il est républicain de cœur et il écrit :

« Puisque aucun pouvoir parmi nous n'est inviolable, puisque le sceptre héréditaire est tombé quatre fois en trente-huit années, puisque le bandeau royal attaché par la victoire s'est dénoué deux fois de la tête de Napoléon, puisque la souveraineté de juillet a été incessamment assaillie, il faut en conclure que ce n'est pas la République qui est impossible, mais la monarchie. Le parti démocratique est le seul en progrès, parce qu'il marche vers le monde futur. »

Et il écrit ses mémoires d'outre-tombe. Triste, morose, silencieux, rassasié de gloire, il va chaque jour et pendant quelques heures essayer d'oublier, près de Mlle Récamier, à l'abbaye aux bois.....

Mais pendant que le grand écrivain poète garde le silence, quelle est la voix qui s'élève, qui éclate tout à coup et fait tressaillir petits et grands dans les chaumières et dans les palais?

C'est un sanglot, c'est un cri de douleur suprême, c'est le désespoir d'une âme croyante et pure qui fait trembler évêques, archevêques, cardinaux, qui ébranle le vatican jusqu'en ses fondements.

.........« Dans une salle tendue de noir et éclairée d'une lampe rougeâtre, sept hommes vêtus de pourpre, et la tête ceinte d'une couronne, étaient assis sur sept sièges de fer.

Et au milieu de la salle s'élevait un trône composé d'ossements, et au pied du trône, en guise d'escabeau, était un crucifix renversé ; et devant le trône, une table d'ébène, et sur la table, un vase plein de sang rouge et écumeux, et un crâne humain.

Et les sept hommes couronnés paraissaient pensifs et tristes, et, du fond de son orbite creux, leur œil de temps en temps laissait échapper des étincelles d'un feu livide.

Et l'un d'eux, s'étant levé, s'approcha du trône en chancelant, et mit le pied sur le crucifix.

En ce moment, ses membres tremblèrent, et il sembla près de défaillir. Les autres regardaient immobiles ; ils ne firent point le moindre mouvement, mais je ne sais quoi passa sur leur front, et un sourire qui n'est pas de l'homme contracta leurs lèvres.

Et celui qui avait semblé près de défaillir étendit la main, saisit le vase plein de sang, en versa dans le crâne, et le but.

Et cette boisson parut le fortifier.

Et dressant la tête, ce cri sortit de sa poitrine comme un sourd râlement :

« Maudit soit le Christ, qui a ramené sur la terre la Liberté ! »

Et les six autres hommes couronnés se levèrent tous ensemble, et tous ensemble poussèrent le même cri :

« Maudit soit le Christ, qui a ramené sur la terre la Liberté ! »

Après quoi, s'étant rassis sur leurs sièges de fer, le premier dit :

« Mes frères, que ferons nous pour étouffer la Liberté ? Car notre règne est fini si le sien commence. Notre cause est la même : que chacun propose ce qu'il lui semblera bon.

» Voici pour moi le conseil que je donne. Avant que le Christ vînt, qui se tenait debout ? C'est sa religion qui nous a perdus : abolissons la religion du Christ. »

Et tous répondirent : « Il est vrai. Abolissons la religion du Christ. »

Et un second s'avança vers le trône, prit le crâne humain, y versa du sang, le but, et dit ensuite :

« Ce n'est pas la religion seulement qu'il faut abolir, mais encore la science et la pensée ; car la science veut connaître ce qu'il n'est pas bon pour nous que l'homme sache ; et la pensée est toujours prête à regimber contre la force. »

Et tous répondirent : « Il est vrai. Abolissons la science et la pensée. »

Et ayant fait ce qu'avaient fait les deux premiers, un troisième dit :

« Lorsque nous aurons replongé les hommes dans l'abrutissement en leur ôtant et la religion, et la science, et la pensée, nous aurons fait beaucoup, mais il nous restera quelque chose à faire.

» La brute a des instincts et des sympathies dangereuses. Il faut qu'aucun peuple n'entende la voix d'un autre peuple, de peur que si celui-là se plaint et se remue, celui-ci ne soit tenté de l'imiter. Qu'aucun bruit du dehors ne pénètre chez nous. »

Et tous répondirent : « Il est vrai. Qu'aucun bruit du dehors ne pénètre chez nous. »

Et un quatrième dit : « Nous avons notre intérêt, et les peuples ont aussi leur intérêt opposé au nôtre. S'ils s'unissent contre nous pour défendre cet intérêt, comment leur résisterons-nous ?

« Divisons pour régner. Créons à chaque province, à chaque ville, à chaque hameau, un intérêt contraire à celui des autres hameaux, des autres villes, des autres provinces.

» De cette manière, tous se haïront, et ils ne songeront pas à s'unir contre nous. »

Et tous répondirent : « Il est vrai. Divisons pour régner : la concorde nous tuerait. »

Et un cinquième, ayant deux fois rempli de sang et vidé deux fois le crâne humain, dit :

« J'approuve tous ces moyens ; ils sont bons, mais insuffisants. Faites des brutes, c'est bien ; mais effrayez ces brutes ; frappez-les de terreur par une justice inexhorable et par des supplices atroces, si vous ne voulez pas tôt ou tard en être dévorés. Le bourreau est le premier ministre d'un bon prince. »

Et tous répondirent : « Il est vrai. Le bourreau est le premier ministre d'un bon prince. »

Et un sixième dit :

« Je reconnais l'avantage des supplices prompts, terribles, inévitables. Cependant il y a des âmes fortes et des âmes désespérées qui bravent les supplices.

» Voulez-vous gouverner aisément les hommes, amolissez-les par la volupté. La vertu ne nous vaut rien ; elle nourrit la force : épuisons-la plutôt par la corruption. »

Et tous répondirent : « Il est vrai. Epuisons la force et l'énergie et le courage par la corruption. »

Alors le septième, ayant comme les autres bu dans le crâne humain, parla de la sorte, les pieds sur le crucifix :

« Plus de Christ ; il y a guerre à mort, guerre éternelle entre lui et nous.

» Mais comment détacher de lui les peuples ? C'est une tentative vaine. Que faire donc ? Ecoutez-moi : il faut gagner les prêtres du Christ avec des biens, des honneurs et de la puissance.

» Et ils commanderont au peuple, de la part du Christ, de nous être soumis en tout, quoi que nous fassions, quoi que nous ordonnions ;

» Et le peuple les croira, et il obéira par conscience, et notre pouvoir sera plus affermi qu'auparavant. »

Et tous répondirent : « Il est vrai. Gagnons les prêtres du Christ. »

Et tout à coup la lampe qui éclairait la salle s'éteignit, et les sept hommes se séparèrent dans les ténèbres. »

Et lui, le pauvre solitaire de la Chesnaie, qui a donné sa pensée, son cœur et sa vie pour soulager la misère matérielle et morale de l'humanité entière, il est abandonné, renié, délaissé par tous. Et quand par hasard, un paysan égaré rencontre sous l'ombre des bois, le penseur à la taille courbée, au front pensif, au regard mélancolique, il se signe et fuit à pas pressés, car il a peur, sans savoir pourquoi, du grand et malheureux Lamennais.

Un peu plus tard, voici encore un de nos compatriotes dont la conversation était une musique, disait Gambetta.

Celui-là s'est absorbé dans l'étude des textes sacrés. Il n'a reculé ni devant les difficultés, ni devant la haine d'ennemis irréconciliables pour donner aux chercheurs de l'avenir, le moyen de trouver des vérités nouvelles. Aussi Tréguier et la Bretagne doivent-ils être fiers de leur fils Ernest Renan.

Mais l'université de Vannes m'en voudrait si je ne signalais en passant le fils de Saint-Jean-Brévelay qui a été un des fondateurs de notre république actuelle et qui a donné son nom à cet établissement d'où doit sortir la lumière que font jaillir dans les cerveaux des jeunes générations, les membres éminents de notre association. J'ai nommé Jules Simon.

Mesdames et Messieurs,

De même qu'un torrent impétueux, déchaîné par les orages célestes, entraîne tout sur son passage ; que les blocs de granit les plus durs et les plus résistants sont entraînés, désagrégés, réduits en poussière impalpable ; de même le mouvement révolutionnaire, dont nous venons d'étudier les grands traits dans notre antique Bretagne et qui se répandit dans la France entière, brisa tous les obstacles, entraina dans sa course vertigineuse tout ce que les peuples anciens avaient construit. Et la féodalité, et les titres et la monarchie ont roulé pêle-mêle pour servir de base au gouvernement du peuple, pour servir de mortier à l'établissement de la République.

Dans cette conférence, j'ai cité des faits avec preuves à l'appui. Mais pour terminer, je me permets de vous dire : « O Bretons, mes frères, rappelez-vous que dans quelques mois vous aurez, vous aussi, à faire acte de citoyens libres, rappelez-vous vos pères ; rappelez-vous que depuis bien des années, jamais l'aristocratie n'a relevé la tête avec tant d'insolence. Rappelez-vous que pour avoir la liberté, nos pères ont donné leur vie. Rappelez-vous qu'aujourd'hui, ce n'est pas par une lutte à main armée qu'on la soutient, mais bien par un simple bulletin de vote. Souvenez-vous qu'aujourd'hui comme il y a trente ans, comme il y a cinquante ans, comme il y a cent ans, vous n'êtes pour la noblesse bretonne que des manants taillables et corvéables à merci. Souvenez-vous surtout que la République seule peut nous faire jouir des bienfaits de la liberté et retirons-nous tous ce soir en nous écriant avec nos pères :

« Vive la France, vive la République »

www.ingramcontent.com/pod-product-compliance
Lightning Source LLC
LaVergne TN
LVHW020254230826
846091LV00006B/2402

* 9 7 8 2 0 1 3 6 5 3 4 5 9 *